HASTA SIEMPRE, AMIGO

UNA GUÍA PARA DESPEDIRTE DE TU GATO

DIANA

Diseño de portada: Planeta Arte & Diseño / GAMA Concept Studio
Imágenes de portada: © Getty Images y © Adobe Stock
Ilustración de solapa: GAMA Concept Studio
Desarrollo editorial: Anónima Agency
Redacción: Micaela Arizola
Cuidado editorial: Begoña Angobaldo Ramírez-Gastón
Diseño e ilustraciones de interiores: GAMA Concept Studio

Bajo el sello editorial DIANA M.R.
Avenida Presidente Masarik núm. 111,
Piso 2, Polanco V Sección, Miguel Hidalgo
C.P. 11560, Ciudad de México
www.planetadelibros.com.mx

Primera edición impresa en México: marzo de 2025
ISBN: 978-607-39-2319-4

Impreso en los talleres de Litográfica Ingramex, S.A. de C.V.
Centeno núm. 162-1, colonia Granjas Esmeralda, Ciudad de México
Impreso y hecho en México – *Printed and made in Mexico*

«Hasta que uno no ha amado un animal, una parte del alma sigue sin despertar».

Anatole France

ÍNDICE

OBITUARIO *de* PAZ

(Pon una foto, un dibujo o algo que te recuerde a tu amig🐾 en el espacio de arriba).

ESTE LIBRO ESTÁ DEDICADO A

QUIEN ME ACOMPAÑÓ DURANTE

LLEGÓ A MI VIDA EN

Y PARTIÓ EN

¡BIENVENID✋!

En hawaiano, *kahu* significa guardián, protector, cuidador de una mascota. En eso te conviertes cuando un gatito entra en tu vida. Y ellos, por su lado, se vuelven tus compañeros fieles, amigos incondicionales, un refugio diario y una parte de tu corazón. La alegría de saber que al volver a casa te esperan es una sensación maravillosa.

Por ello, el dolor de su partida es indescriptible; es una pérdida que lamentamos profundamente. Nosotros también la hemos sentido, y desde esa experiencia es que nació la idea de este libro. Queremos acompañarte en este proceso de duelo, darte alivio e intentar que, poco a poco, te sientas mejor. Sabemos lo duro que puede llegar a ser, pero tienes que seguir adelante, aunque la mayoría de veces no quieras.

Con esto en mente, preparamos esta guía con herramientas para que puedas afrontar el proceso de la partida de tu querido amig🐾. Despedirse toma un tiempo distinto para cada uno, pero es necesario decir adiós.

Este será un lugar para preservar su memoria y honrar el amor incondicional de tu amig🐾. Es un refugio seguro al que puedes entrar cada vez que necesites recordarlo. Un espacio para hablar de él en tiempo presente, y no en pasado, pues siempre vivirá en tu corazón.

GLOSARIO DE EMOCIONES

Después de una pérdida tan profunda como la de tu amig🐾, puedes experimentar muchas emociones. El primer paso para la sanación es identificarlas y nombrarlas. Aquí te dejamos un glosario.

Recuerda que el duelo es un proceso con altibajos y que es válido volver a estos sentimientos tantas veces como lo necesites. Es importante que te tomes tu tiempo para experimentarlos.

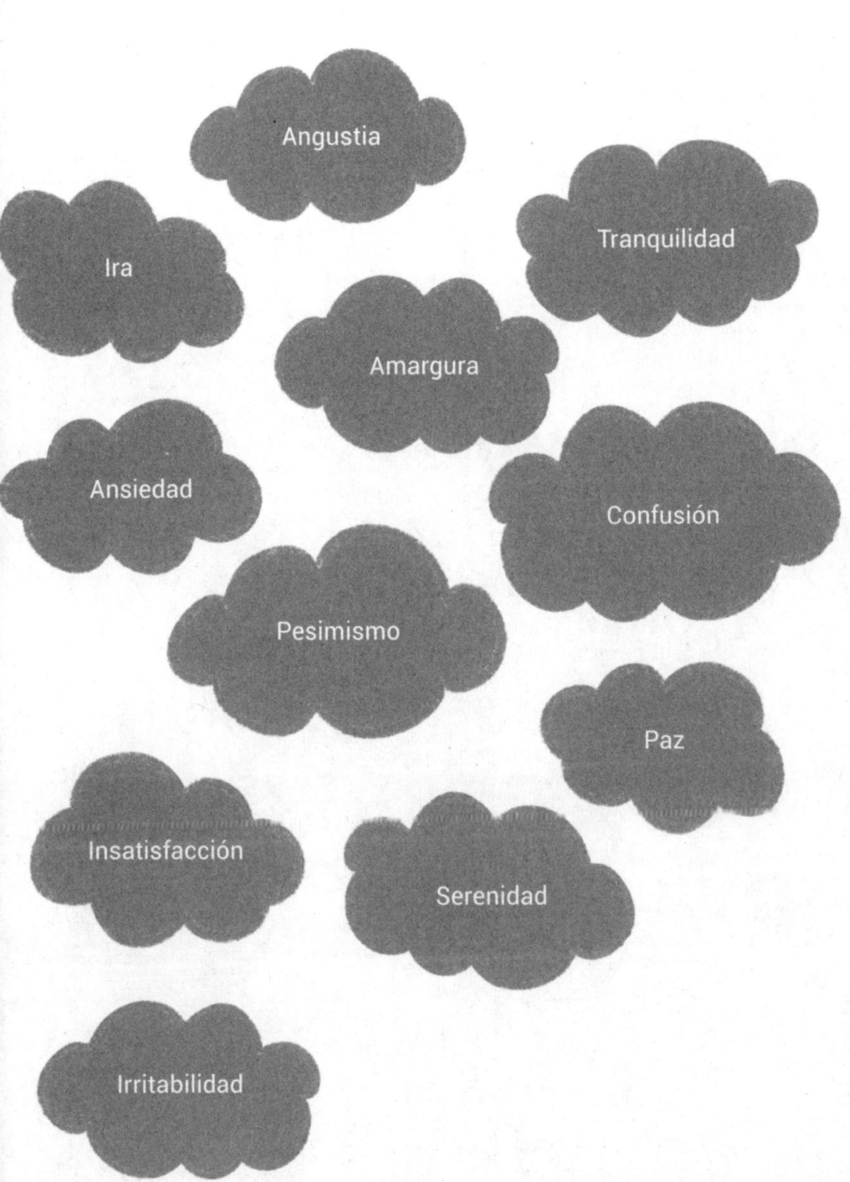
Angustia
Tranquilidad
Ira
Amargura
Ansiedad
Confusión
Pesimismo
Paz
Insatisfacción
Serenidad
Irritabilidad

EL DUELO

Después de la pérdida de un ser querido, entrarás en una etapa en la que tendrás que acostumbrarte a vivir con su ausencia. A este proceso se le llama *duelo*.

EL DUELO

Separarte de un ser querido es muy duro, no es algo fácil de enfrentar. Debes pasar por un sinfín de sensaciones para las que no estabas preparado. Por un lado, la pena y el dolor te agobian y, por el otro, tienes el compromiso de seguir adelante con tu vida.

A ese proceso se le llama *duelo*, y es la forma en la que te adaptas a vivir con esa ausencia. Normalmente ese concepto se asocia con la muerte, pero en realidad se aplica a todo tipo de pérdidas: el fallecimiento de un ser querido, la ruptura de pareja, las mudanzas y un largo etcétera.

La pérdida de un amig🐾 no es menos dolorosa por tratarse de un animal. Ellos son seres cercanos, afectuosos, familiares; su partida nos causa la misma pena y angustia física y emocional. Como dice la escritora y dramaturga nigeriana Chimamanda Ngozi Adichie en su libro *Sobre el duelo*: «No es sufrimiento solo del alma, sino también del cuerpo, de dolores y falta de fuerza».

Debes saber que cada proceso es personal, por lo que la intensidad y duración dependen mucho del significado de tu circunstancia. Sin embargo, cuando el duelo se vuelve insoportable, se aconseja que pidas ayuda a tus seres queridos y, si es preciso, recurrir a un profesional de salud mental.

LAS CINCO FASES

En su libro *Sobre la muerte y el morir*, la psiquiatra suiza Elisabeth Kübler-Ross (1926-2004) propone cinco fases. Esta publicación, que es uno de los estudios psicológicos más famosos de finales del siglo XX, fue el resultado de su investigación en más de treinta años de trabajo.

Estas fases pueden darse en mayor o menor grado, o sucesivamente, y hasta pueden repetirse en distintos momentos del proceso.

Negación. Te invade un sentimiento de incredulidad ante la pérdida. Sobre todo si es súbita. Puede que te cierres a aceptar lo sucedido y actúes como si nada hubiera pasado.

Ira. Sientes mucha frustración, descontento y hasta culpa por no haber podido evitarlo. Quieres encontrar una causa o dejar la responsabilidad de lo sucedido a otras personas o circunstancias.

Negociación. Intentas negociar contigo mismo o con tu entorno para «solucionarlo». Es imposible asumir el dolor de lo inevitable.

Depresión. Te das cuenta de la realidad, así que experimentas una profunda tristeza por la ausencia. Sientes que necesitas aislarte y puedes llegar a perder interés por lo que te rodea.

Aceptación. Asumes la situación y con ello llega la comprensión y la calma. Esto no quiere decir que olvidaste a tu amig🐾 o que diste vuelta a la página, sino que aceptas la realidad.

Una más...

Para que tu amig🐾 sea recordado con alegría y felicidad por el tiempo compartido, más que con tristeza y nostalgia, añadimos una fase más en este camino: la sanación.

Si bien nunca te repones por completo de la pérdida de un ser querido, siempre hay formas saludables de aceptarla. Esta última fase ayuda a cerrar el ciclo del duelo de una manera más amorosa y en paz.

NEGACIÓN

El fallecimiento de tu ser querido puede abrumarte y confundirte. Cuesta aceptar la realidad de su ausencia, por lo que niegas que lo inevitable ha sucedido.

NEGACIÓN

¿Cómo identificarla?

Actúas como si nada hubiera pasado, tanto que hasta puedes llegar a sentir que tu amig🐾 todavía está contigo: lo oyes, sientes su presencia o piensas que lo has visto. Te cuesta aceptar que lo inevitable ha sucedido.

Esta es una de las etapas más difíciles de superar. Puede volver en cualquier momento del duelo debido a que de manera inconsciente rechazas la ausencia.

¿Qué hacer?

No invalides lo que sientes; mejor, intenta reconocerlo y abrázalo. Es normal que te sientas abrumado, confundido o profundamente triste. Dale lugar a todo eso y permítete sentirlo poco a poco.

Lo mejor es que pases estos momentos alrededor de personas que te quieran, que no te juzguen y te reconforten; también de amigos que hayan pasado por lo mismo, pues compartir esta experiencia trae consuelo. En caso de que el dolor sea muy difícil de manejar, lo recomendable es buscar ayuda profesional con un terapeuta.

Es necesario recorrer este largo camino para llegar a buen destino.

La negación dice:

«Mi vida sigue igual, como si estuvieras aquí».

«No quiero hablar del tema».

La gratitud dice:

«Has dejado una huella profunda en mí y a partir de eso intento honrar tu memoria».

«Hablaré de esto cuando esté listo para recordar con alegría a mi mascota».

Anota dos pensamientos de negación que puedas transformar en gratitud:

«El duelo es un proceso, no un estado».

Anne Grant

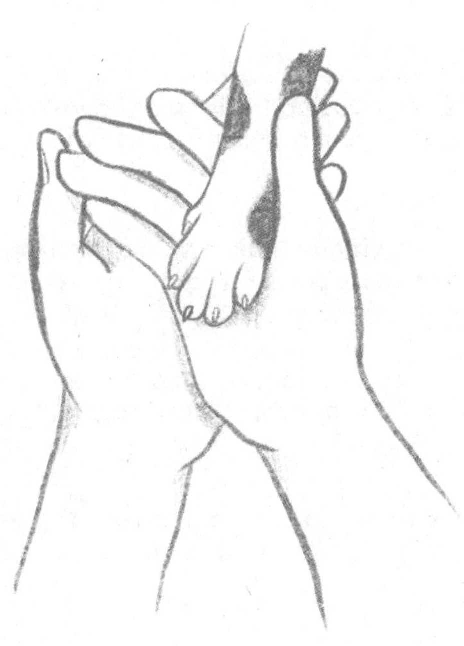

Si hoy es un día difícil y te sientes intranquilo, recuerda que reconocer los buenos momentos que viviste con tu amig🐾 ayuda a llenarte de paz.

Te dejamos algunos pensamientos que puedes dedicarle para honrar su memoria.

Gracias por todas las veces que me escuchaste cuando tuve un mal día.

Hoy te envío luz y paz para que trasciendas con tranquilidad, así como tú me la diste a mí en muchos momentos.

En mi vida estuviste solo por un tiempo, pero en mi corazón estarás para siempre.

Tu huella se quedó plasmada en mi alma, querido y fiel amig🐾.

Tu recuerdo me llena de amor, alegría y sosiego.

Si recibiste mucho es porque diste mucho. Abraza ese sentimiento.

Es momento de honrar a tu amig🐾.

Visualiza dónde te gustaría que estuviera ahora. Piensa en el espacio físico: ¿cómo sería? Dibújalo o descríbelo.

Envíale amor.

Anota cuatro cosas valiosas que quisieras que tu amig🐾 tuviera cerca.

¿Cuándo es el momento para decir adiós?
Cuando lo sientas.

IRA

La tristeza por tu pérdida te hace sentir irritado y molesto. Te preguntas si pudiste hacer más, si pudiste evitarlo. Solo queda respirar.

IRA

¿Cómo identificarla?

Un gran enojo te sofoca. Sientes mucho dolor y culpa porque no pudiste hacer nada para evitar esa partida. La ira surge del conflicto interno y este nos provoca sentimientos negativos a nosotros mismos, a nuestros seres queridos e, incluso, a nuestro amig🐾 fallecido.

Asimismo, te sientes irritable. No quieres afrontar la realidad y esto hace que te alejes de tus seres queridos. Es usual que reprimas tus sentimientos y que generes conflictos para desviar la atención del dolor; sin embargo, este siempre encontrará la vía para salir.

¿Qué hacer?

Para buscar consuelo ante una pérdida, los seres humanos tendemos a preguntarnos una y otra vez ¿por qué se fue?, ¿tuve la culpa?, ¿hice todo lo que pude?, etcétera. Pero estos cuestionamientos solo nos llenan de ira y mal humor. Está bien experimentarlas de vez en cuando, pero no dejes que estas emociones te dominen. Busca maneras constructivas de manejar la ira. Reconocer esta sensación te ayudará a no hacerte daño física ni emocionalmente.

La única forma de avanzar es identificando los momentos en los que la ira te domina. Anótalos aquí.

Te sugerimos practicar este ejercicio de respiración.

1. Siéntate en una postura cómoda con los ojos abiertos o cerrados.

2. Inhala y exhala por la nariz.

3. Concéntrate en la duración de tus inhalaciones y exhalaciones.

4. ¿Sientes el ritmo de la respiración en los pulmones, en el corazón o en otra parte de tu cuerpo?

Es normal sentir frustración e impotencia por el fallecimiento de tu amig🐾.

Haz una lista de tus sentimientos negativos y positivos en los siguientes recuadros. Piensa que los segundos te ayudarán a combatir los primeros.

Hoy probablemente no es un buen día, pero no has tenido una mala vida.
Agradece por el pasado que viviste con tu mascota.

Raya, sombrea o garabatea esta página. Deja que tu pena se diluya y se aquiete tu mente.

Te compartimos algunas ideas para concentrarte en el presente y no aferrarte al pasado.

Disfruta lo que tienes aquí y ahora.

Haz diariamente algo que te emocione.

Identifica los aprendizajes que tú y tu amig🐾 ganaron mientras estuvieron juntos.

Agradece por tres cosas que vivieron y felicítate por ellas.

Lo más importante: cuida de ti.

NEGOCIACIÓN

Intentas negociar contigo mismo o con el resto del mundo su regreso. Aunque sabes que es imposible, tener el deseo de intentarlo es lo que te hace seguir adelante.

NEGOCIACIÓN

¿Cómo identificarla?

Te invade la ilusión de recuperar a tu amig🐾. Tu cerebro juega contigo y te hace sentir que eres capaz de tenerlo de nuevo, te insinúa que podrías traerlo de vuelta a la vida.

Sin embargo, poco a poco te das cuenta de que por más oraciones o pactos hechos esto no sucederá. Te llenas de arrepentimiento y angustia por no haber hecho nada más para remediarlo.

¿Qué hacer?

Afronta la realidad, por más dolorosa que sea. En esos momentos es cuando confirmas que tenerlo de vuelta es imposible y que evadir tus sentimientos solo prolongará más el duelo.

Para sobrellevar esta fase puedes acudir a tus amigos, tomar el sol, tejer, pintar o hacer alguna actividad agradable que lleve tu mente a un lugar feliz. Recuerda que el amor que tuviste hacia tu amig🐾 queda intacto en tu corazón.

La felicidad no depende de lo que pase en tu vida o no, sino de los lentes con los que ves aquello que ocurre.

Algunos consejos para sanar:

Date permiso de sentir tus emociones.

Conecta con el presente. Escribe, habla, llora.

Ve a terapia.

Comparte tus emociones con personas que te sostengan y acompañen amorosamente.

No te fuerces a estar bien si todavía no estás listo.

Llegó el momento de establecer una nueva rutina. Puede ser doloroso, pero instaurar diferentes hábitos es parte del autocuidado y te ayudará a seguir con tu vida.

Algunos tips para apoyarte en este proceso son los siguientes:

1. Cambia un solo hábito a la vez.
2. Fija metas pequeñas.
3. Anticipa los tropiezos que podrían impedir que logres tu meta y define un plan para evitarlos.
4. Busca apoyo en personas que te inspiren.
5. Lleva un seguimiento de tu progreso.
6. Celebra tus pequeños logros.

Date permiso para explorar nuevas formas de extrañar sin que eso te paralice.

Busca a otras personas que hayan pasado por lo mismo que tú.

Pídeles consejos para lidiar con la situación y anótalos en los recuadros.

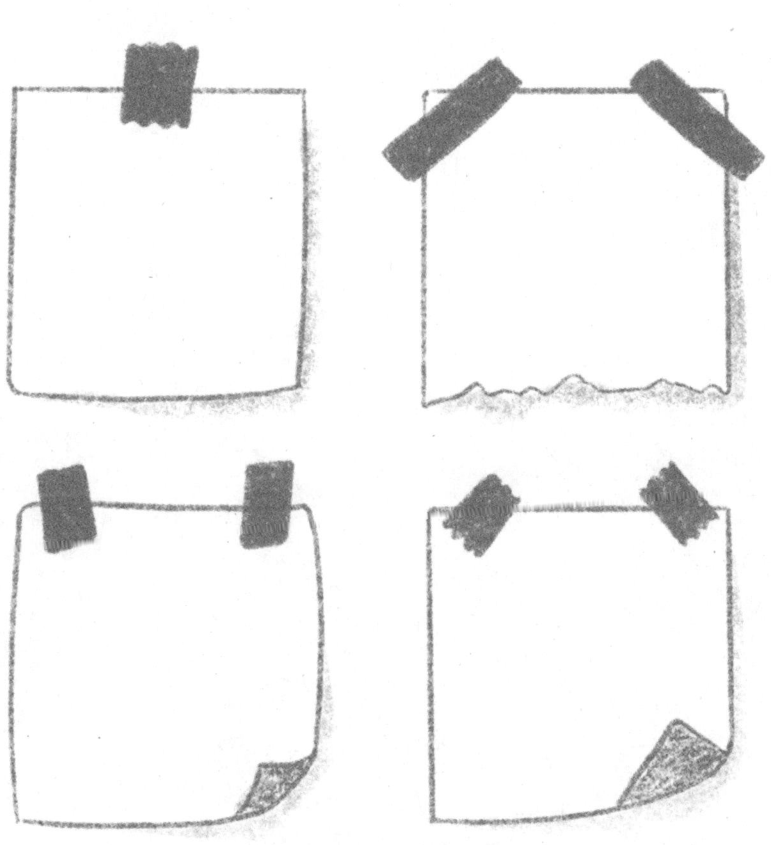

Escribe en esta página una carta de despedida para tu amig🐾.

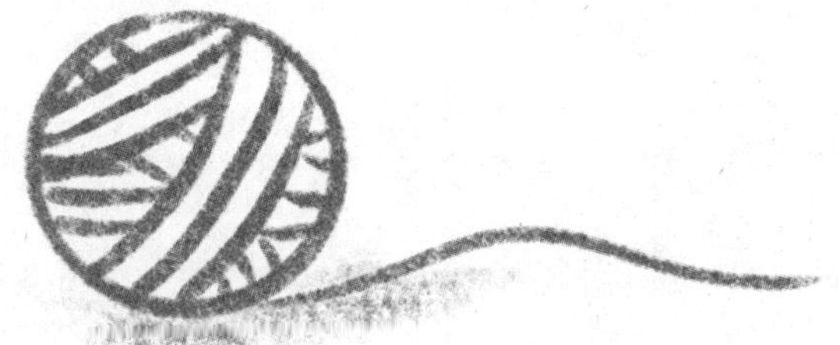

DEPRESIÓN

La pena y el dolor te invaden. Puedes encontrar fortaleza en quienes te rodean y, más importante, en tus rutinas y en tu fuerza.

DEPRESIÓN

¿Cómo identificarla?

Sientes una mezcla de emociones: una enorme pena, desesperanza, ansiedad y hasta falta de motivación para hacer cosas que antes no suponían gran esfuerzo. Esta es una de las etapas más difíciles durante el duelo. En ella tu ánimo decae y es probable que padezcas insomnio, falta de apetito o incluso dificultad para concentrarte.

¿Qué hacer?

Debes hablar de la tristeza o pena que sientes por lo sucedido. No ganas nada alejándote o escondiéndote de tus sentimientos. Las personas que te aman te comprenderán y eso hará que te sientas más aliviado.

Tomarse el tiempo para la sanación es ideal. Cada quien tiene un ritmo diferente. Sin embargo, presta atención a las señales que te indiquen la necesidad de ayuda profesional.

Es importante que en la medida de lo posible sigas tu vida con normalidad, sin cambios repentinos que te puedan desestabilizar. Es fundamental mantener las rutinas y procurar aliviar la mente.

Crea un gran *collage* de gratitud para tu amig🐾 en estas páginas. Puedes incluir fotos, dibujos, recortes de cosas que le gustaban o solo palabras.

«No sabes lo fuerte que eres hasta que ser fuerte es la única opción que tienes».

Bob Marley

Para reconectar contigo mismo, primero necesitas hacerlo con la naturaleza.

Aquí tienes algunas maneras para hacerlo.

Camina descalzo sobre el pasto.

Apoya las manos sobre el tronco de un árbol.

Pasea sobre la arena.

Toma un puño de tierra entre tus manos.

Piensa que ahora tu amig🐾 forma parte de ese universo y que entrar en contacto con él es una forma de que los dos sigan unidos.

Solo por hoy procura que tus palabras y actos nazcan desde el amor.

TU AGENDA SOS

Evita estar solo; es mejor estar rodeado de personas que te alegran el día.

En esta página, haz una lista con sus nombres y, si conocían a tu amig🐾, describe cómo se llevaban.

Anota los miedos, así como pensamientos obsesivos, tristes o limitantes que has tenido a partir de la pérdida de tu amig🐾 en la siguiente caja.

Pídele al universo que, a medida que avances en tu sanación, te ofrezca alivio para cada uno de ellos. Conforme pasen las semanas, vuelve a estas páginas y tacha aquello que vaya desapareciendo de tu mente.

Aunque la meta es tacharlo todo, recuerda que está bien si no lo haces tan rápido como esperabas e incluso si algunas sensaciones no desaparecen por completo.

ACEPTACIÓN

La idea de su ausencia ya está mejor interiorizada. Sientes más calma y fuerza para seguir adelante en tus proyectos.

ACEPTACIÓN

¿Cómo identificarla?

En esta etapa sientes mayor tranquilidad. Tu vida empieza a tener más momentos de paz, calma y serenidad, pues has aprendido a vivir con la ausencia. Atrás quedó la angustia y la ansiedad que el dolor trajo consigo al principio.

Si bien no todos pasamos por todas las etapas del duelo, ni las experimentamos en el orden propuesto por la doctora Kübler-Ross, a todos nos toma un tiempo recuperarnos de una circunstancia así. Nuestros sentimientos y estados de ánimo se pueden manifestar de distintas maneras, por lo que siempre es recomendable buscar apoyo de familiares, amigos, grupos, organizaciones o profesionales de la salud mental.

¿Qué hacer?

Llegar a sentirte en calma es un enorme alivio. Respirar; salir a mirar el mar, el ocaso, los árboles por la mañana; dar paseos al anochecer son actividades tan recomendables como leer un libro o nadar en una alberca durante largo tiempo.

Ya llegaste al punto en el que el mundo vuelve a tener sentido. Eso no quiere decir que vaya a ser como antes de tu pérdida, pero sí te será posible manejarlo.

¿Cómo se ve la aceptación?

La aceptación no es:

Olvido
Abandono
Renuncia
Resignación

¿Qué sí es la aceptación?

Calma
Serenidad
Convivencia tranquila con el dolor emocional
Reconocimiento de lo que no podemos controlar

Los rituales son una manera de despedirte, te ayudarán a asumir la pérdida y honrar la vida de tu amig🐾.

Te proponemos llevar a cabo una ceremonia sencilla, pero con mucho sentimiento.

1. **Busca un lugar que represente para ti un espacio de conexión con tu amig🐾; puede estar en tu casa o fuera de ella.**

2. **Cuando estás en proceso de duelo, a veces es difícil reconocer todo lo que una relación significó en tu vida. Escoge un acompañante que haya conocido a tu amig🐾 para que diga unas palabras sobre el lazo que los unió.**

3. **Lleva algo que le gustaba mucho a tu amig🐾. Puede ser un juguete, su comida favorita o su collar. Conviértelo en una ofrenda de gratitud por lo que vivieron juntos.**

4. **Envíale a tu amig🐾 pensamientos de amor hasta donde esté.**

CUESTIONARIO DE LA GRATITUD

¿Cómo llegó tu amig🐾 a tu vida?

¿Qué cualidades admirabas de tu amig🐾?

CUESTIONARIO DE LA GRATITUD

¿Cuáles fueron los momentos en que más te hizo reír?

¿En qué momentos difíciles estuvo para ti y cómo te ayudó?

Este es un ejercicio para concientizar lo que ocurre aquí y ahora. Y así valores lo que tienes en este momento y no te frustres por las situaciones del pasado que ya no puedes cambiar.

Una vez al día fíjate en algo que veas, oigas o sientas. Puede ser:

La textura de la toalla con la que te secas las manos.

El sabor y el olor de tu café por la mañana.

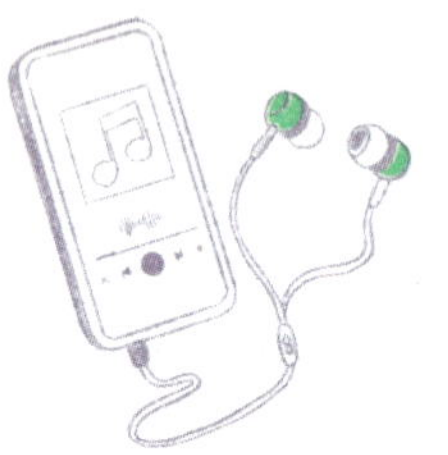

El sonido de una canción que escuches al azar.

La luz del atardecer.

Intenta concentrarte en las sensaciones que eso despierta en ti. Haz el ejercicio durante al menos treinta segundos.

Hay que saber decir *adiós* para poder decirles *hola* a las nuevas experiencias y a los aprendizajes que te están esperando.

Mientras coloreas estos peces, piensa en tu amig🐾 jugando con sus nuevos compañeros en el otro mundo.

SANAR *para* VIVIR

Reconstruir tu vida no significa olvidarte de tu ser querido. Significa recordarlo con amor y aceptación, en paz y con ganas de vivir tu presente.

CONTINUAR CON LA VIDA

Experimentar una pérdida forma parte de la vida. Pero es tu capacidad de resiliencia la que te lleva a seguir adelante, afrontar nuevamente el día a día y dejar atrás el dolor.

Luego de reajustar y adaptar emocionalmente tu vida a este nuevo escenario, es importante dar un siguiente paso: reconstruir tu mundo personal y darle sentido. Usa la fuerza que has sacado de tu duelo para crecer personalmente.

Acude al arte para expresar todo lo que has vivido, empieza a meditar para encontrarte, cambia tus rutinas para tener una vida más sana y sentirte mejor, inicia un nuevo proyecto, descubre nuevos lugares. Estas son ideas que puedes llevar a cabo cuando te sientas listo.

De la misma forma, ahora que has estado en contacto con un dolor tan profundo puedes ayudar a otros a superarlo. Compartir tu situación y reconfortar a otros le da sentido a tu proceso de sanación. La recompensa es maravillosa: una sonrisa o un abrazo te fortalecen como persona.

Recuerda que eres más fuerte de lo que jamás imaginaste. Ten en cuenta tu capacidad para sanar y, sobre todo, alégrate por los días felices que viviste con tu amig🐾, los momentos inolvidables: las risas que compartiste y las diferentes anécdotas que tuviste junto a él. Estos conforman el tesoro más preciado que te acompañará siempre.

Anota las actividades que puedes hacer para mimarte y darte el cariño que necesitas en estos momentos.

Repite los siguientes mantras de sanación.

«Libero todo el miedo».

«Libero toda la ira».

«Libero toda la culpabilidad».

«Libero todo y estoy en paz conmigo mismo y con el proceso de la vida».

Transforma la dependencia en amor.

La dependencia dice:

«Nunca me abandones».
«Me perteneces».

El amor dice:

«Sigue tu camino».
«Valoro haber compartido este tiempo contigo».

Escribe aquí la letra de una canción que siempre te levante el ánimo. Cántala cada vez que lo necesites.

Haz una lista de las comidas o los postres que mejoran tu día o noche.

Prepara alguno de ellos.

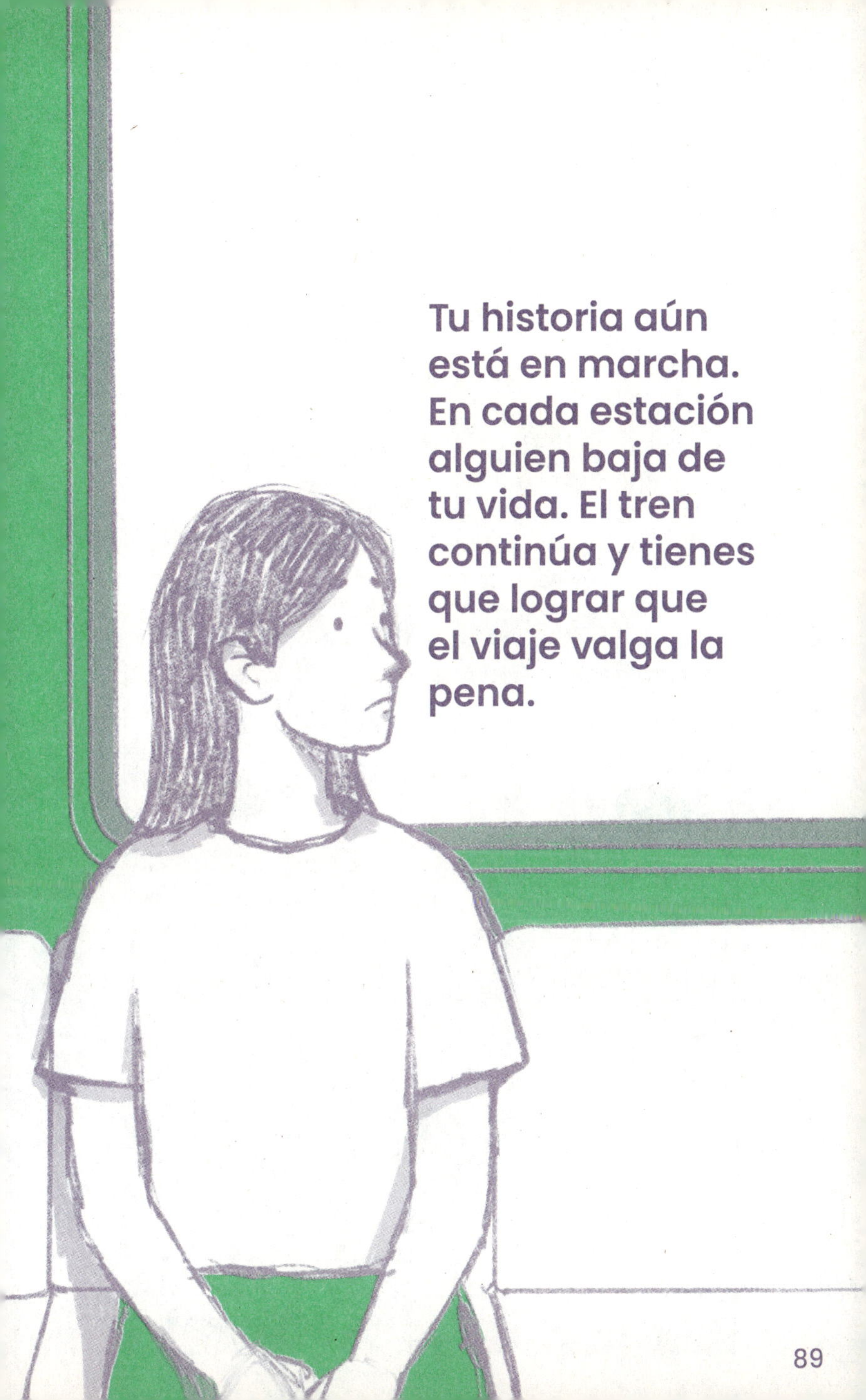

Tu historia aún está en marcha. En cada estación alguien baja de tu vida. El tren continúa y tienes que lograr que el viaje valga la pena.

BARAJA DE LA SANACIÓN

Cuando no sepas cómo darte ánimos, saca una de estas cartas:

Aunque pueden ser momentos difíciles, siempre es importante encontrar nuestros motores para vivir.

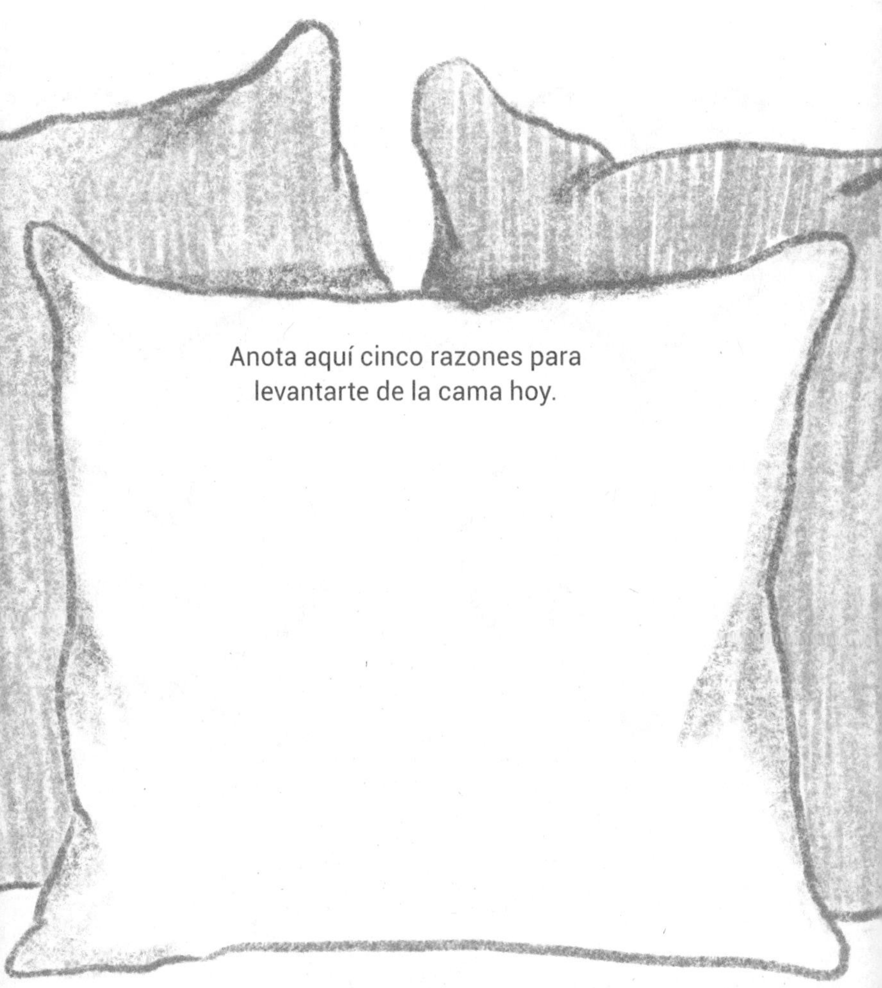

Dale amor a tu amig🐾.

Llena estos corazones con las palabras cariñosas que le decías o con las que quisieras decirle ahora.

¿Dónde se encuentra la llave de la sanación?
En ti. Eres la fuente de tu propia felicidad.

CÍRCULO VIRTUOSO

Llegaste al final de esta guía. Recuerda que el duelo no es un proceso lineal. Siéntete libre de volver a cualquier parte de este libro si en algún momento necesitas tener consuelo, descargar tu ira, volver a negociar contigo o recordar todo lo que has avanzado en este proceso.